AF356768

7 Avril 1900. V

VENTE

Le Samedi 7 Avril 1900

HOTEL DROUOT, SALLE 11

Exposition Publique

Vendredi 6 Avril 1900

BEAUX MEUBLES

ANCIENS ET DE STYLE

Bronzes — Porcelaines

BELLES MINIATURES

TAPIS D'ORIENT

Me **DUCHESNE**, Commissaire-Priseur

6, Rue de Hanovre

M. René **BLÉE**, Expert

10, Rue Mogador.

IMPRIMERIE MAULDE ET RENOU

———

MAULDE, DOUMENC & Cie

IMPRIMEURS DE LA COMPAGNIE DES COMMISSAIRES-PRISEURS

Rue de Rivoli, 144

CATALOGUE

DE

BEAUX MEUBLES

Ameublements de Salle à manger

CHAMBRES A COUCHER & SALON

Meubles anciens des Époques Louis XV et Louis XVI

RIDEAUX EN SOIE ET VELOURS, TAPIS D'ORIENT

Bronzes d'Art et d'Ameublement

Porcelaines, Biscuits, Objets de vitrine, Tableaux

BELLES MINIATURES ANCIENNES

DONT LA VENTE AURA LIEU

HOTEL DROUOT — SALLE N° 11

Le Samedi 7 Avril 1900, à 2 heures

Mᵉ G. DUCHESNE	M. René BLÉE
COMMISSAIRE-PRISEUR	EXPERT
Rue de Hanovre, n° 6	Rue Mogador, n° 10

EXPOSITION PUBLIQUE

Le Vendredi 6 Avril 1900, de 1 heure à 5 heures 1/2

PARIS — 1900

CONDITIONS DE LA VENTE

Elle sera faite au comptant.

Les acquéreurs paieront **cinq pour cent** en sus des adjudications.

Aucune réclamation ne sera admise une fois l'adjudication prononcée.

MAULDE, DOUMENC et Cie, imp. de la Cie des Commissaires-Priseurs
rue de Rivoli, 144.   400—88001

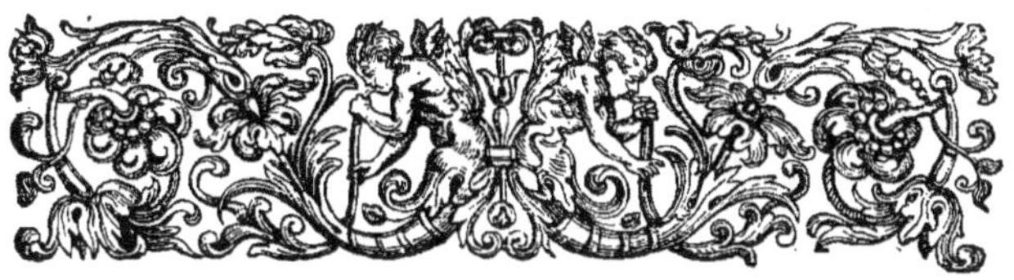

Désignation

MEUBLES, TENTURES

1 — Bel Ameublement de salle à manger en bois
noir fourni par la maison Lefébure, composé
de : un grand Buffet, deux Buffets argentiers,
une Table à manger, une Servante et douze
Chaises couvertes en cuir.

2 — Bel Ameublement de chambre à coucher en
palissandre et thuya, fourni par la maison
Lemoine, composé de : une grande Armoire à
trois portes à glace, un Lit avec son sommier
et une Table de nuit.

3 — Autre bel Ameublement de chambre à coucher en palissandre ciré, style Henri II, composé de : une grande Armoire à trois portes à
glace, un Lit à colonnes avec son sommier,
une Table de milieu et une Table de nuit.

4 — Meuble de salon en chêne sculpté recouvert en velours. Style Louis XIV, composé de : un Canapé, quatre Fauteuils et quatre Chaises.

5 — Deux Décors de fenêtre assortis au meuble qui précède.

6 — Table en marqueterie de bois, époque Louis XV.

7 — Commode Louis XV en palissandre et marqueterie de bois à fleurs, orné de bronzes dorés, dessus en marbre brèche d'Alep.

8 — Pendule en marqueterie de cuivre, ornée de bronzes sur socle applique. Époque Régence.

9 — Bibliothèque en chêne sculpté.

10 — Buffet à deux corps formant crédence en noyer sculpté et ciré.

11 — Table sur un seul pied en noyer sculpté et ciré.

12 — Lit de milieu en noyer sculpté et ciré de style Louis XV avec sommier.

13 — Une Armoire normande formant vitrine. Époque Louis XVI.

14 — Une grande Cheminée en noyer ciré. Style Henri II.

15 — Une Glace cadre en chêne sculpté. Style Louis XIII.

16 — Un grand Lit Louis XVI en bois sculpté.

17 — Bureau plat, bois de placage, ornements de bronzes dorés.

18 — Petite Table à coulisse en bois de placage.

19 — Petit Guéridon rond, bois marqueté, ornements et galerie de bronze.

20 — Petite Table rognon, bois de placage.

21 — Bois de sièges, Fauteuils et Chaises d'époques (sera divisé).

22 — Commode fin de Louis XV, en marqueterie de bois de placage, ouvrant à trois tiroirs, ornements en bronze.

23 — Petite Commode Louis XVI en bois de rose et marqueterie, poignées en bronze.

24 — Deux Portières en satin de Chine, brodé à fleurs sur fond aubergine.

25 — Portière en satin noir, brodé à fleurs, travail chinois.

26 — Deux Portières en velours rouge, ornées de bandes en soie de Chine brodée sur fond rouge.

27 — Garniture de croisée et garniture de lit en cretonne à fleurs.

28-29 — Deux Carpettes d'Orient.

30 — Six Portières algériennes, fond rouge à bandes et ornements bleu et blanc.

31 — Grande Portière algérienne fond rouge.

32 à 35 — Quatre grandes Carpettes orientales, fond rouge, dessin bleu et blanc.

36 — Une paire rideaux crème.

37 — Un lot de beaux coussins en soie.

38 — Deux stores flamands.

BRONZES

39 — Statuette de femme ailée en bronze, assise sur des nuages et tenant une torche enflammée Signée BEER, socle tournant en marbre griotte.

40 — Plateau de Surtout en bronze ciselé et argenté de style Louis XV à fond de glace.

41 — Groupe en bronze argenté représentant une reine protégeant un jeune garçon, signé DUMAIGE. Socle en marbre rouge à moulures de cuivre.

42 — Deux colonnes en marbre rose et cuivre, plateau mobile.

43 — Un bronze *La Victoire*, patine antique reposant sur une boule scellée sur un dé en marbre bleu turquin.

44 — Deux grands Candélabres en forme de vase en granit du Tonkin supportant un bouquet contenant quatre porte-bougie, têtes de béliers, guirlandes, feuilles d'acanthe et perlé en bronze doré.

45 — Petit bronze: Tigre couché de FRATIN.

46 — Une galerie de foyer en cuivre poli, style Louis XIV.

47 — Bronze de BARYE: Lionne.

48 — Groupe équestre en bronze, chasseur oriental de MÈNE, édition Barbedienne.

49 — Statuette de marin en bronze, par AUFRIC.

50 — Paire de beaux vases en bronze du Japon incrusté d'or et d'argent, décor en relief de fleurs et d'oiseaux.

51 — Galerie de foyer et deux chenets en bronze doré.

PORCELAINES ET BISCUITS

52 — Deux Porte-cierge en forme de colonne historique en porcelaine de Paris d'époque Empire, fond bleu dit de Sèvres semé d'étoiles, ceintures et chapiteaux décorés de palmettes.

53 — Deux Cache-Pots en porcelaine *d'Allemagne*, décor fleurs en relief et sujets oiseaux.

54 — Dix-huit Tasses à thé et soucoupes en porcelaine de Saxe, décor à fleurs.

55 — Une statuette en faïence d'époque Louis XV, rehaussé d'or.

56 — Une bonbonnière en biscuit.

57 — Quatre Assiettes en porcelaine de Chine.

58 — Un lot d'Assiettes en porcelaine de Chine et du Japon.

59 — Deux Sujets en biscuit de Sèvres ancien : Les deux ivrognes.

60 — Un lot de Pommes de cannes en porcelaine d'Allemagne, d'Italie, etc.

61 — Six tasses, faïence de Marseille.

62 — Bonbonnière tête de Chien, en porcelaine d'Allemagne.

63 — Bonbonnière en vernis Martin, sujets amours portant la croix en camaïeu.

64 — Deux petites Statuettes en porcelaine de Saxe, petits personnages figurant l'amour chassant.

65 — Statuette en porcelaine d'Allemagne, Joueur de biniou.

66 — Petit Candélabre à deux lumières en porcelaine d'Allemagne, à figure d'amour attisant le feu.

67 — Petit Buste de Négrillon en plâtre.

68 — Grande Jardinière ovale sur piédouche, en faïence italienne, médaillon représentant la chasse de Diane, anses à figures d'anges et rinceaux.

69 — Groupe en biscuit, allégorie à la musique.

70 — Bouddha en craquelé de Chine.

OBJETS DE VITRINE ET AUTRES

71 — Pitong en ivoire sculpté, offrant en relief des Scènes familières, parties ajourées, avec anse et pied en argent ciselé, travail chinois.

72 — Pitong en ivoire sculpté, à figures en relief dans des paysages.

73 — Cinq Groupes en ivoire sculpté, à figures et animaux, travail japonais.

74 — Un lot de Jetons en nacre gravée.

75 — Un lot menus objets, bijoux faux.

76 — Petit Etui à carnet de bal, en ivoire et incrustation d'argent.

77 — Une Pendule de Voyage en cuivre gravé.

78 — Deux Cornes gravées formant poires à poudre.

79 — Deux Petits Vases, décor d'argent réappliqué.

80 — Un lot Boîtes, Eventails, miniatures, Objets de Vitrine (sera divisé).

81 — Appareil photographique.

MINIATURES

82 — Miniature ronde sur ivoire, signé RIBOU, beau portrait d'homme de la fin de Louis XVI.

83 — Miniature ronde sur ivoire, Portrait de LONSING, largement traité, rehaussé de gouache.

84 — Miniature ovale sur ivoire, Très beau Portrait de Paysanne coiffée d'un bonnet blanc, avec un grand châle sur les épaules. Belle exécution. Cadre bronze doré.

85 — Miniature ronde sur ivoire, Portrait de
Femme, époque fin de Louis XVI, corsage
très ouvert à rayures en bleu et marron, che-
veux poudrés, cadre en or.

86 — Miniature ronde sur ivoire, Portrait d'En-
fant de la fin de Louis XVI.

87 — Petite miniature ovale sur velin, Portrait
de Femme, corsage ouvert, garni de fourrure
et colerette de dentelle.

88 — Petite miniature ovale sur ivoire, Portrait
d'une jeune Femme en costume d'intérieur,
coiffée d'un bonnet à rubans. Ep. Louis XVI.

89 — Grande miniature ronde sur ivoire, *La Répri-
mande,* d'après BAUDOUIN.

90 — Grande miniature ronde sur ivoire, Scène
champêtre.

91 — Miniature ronde sur ivoire, Portrait d'homme
du temps de la Révolution.

92 — Miniature rectangulaire, *Apollon et les Muses.*
Gouachée.

93 — Miniature ronde sur ivoire, *Le Coucher,*
d'après FRAGONARD.

94 — Grande Miniature ronde sur ivoire, *Le Dîner*. Portant le monogramme « *L. P. 1782* ».

95 — Miniature ronde sur ivoire, Allégorie : *L'étude arrête le temps*.

96 — Miniature ronde sur ivoire, Beau Portrait d'homme, vers 1850, signé CHABANNE.

97 — Petite Miniature ovale sur ivoire. Portrait de Femme. Époque Louis XVI.

98 — Petite Miniature ovale sur ivoire. Portrait de Femme. Époque Louis XVI.

99 — Petite Miniature ovale sur ivoire. Portrait présumé de Robespierre.

100 — Petite Miniature ovale sur ivoire. Portrait d'Homme attribué à LARGILLIÈRE.

101 — Petite Miniature ronde sur ivoire. Flore.

102 — Petite Miniature ovale sur ivoire. Portrait de jeune Femme. Époque 1825. Corsage décolleté. Rehaussée de gouache. Cadre en or.

103 — Miniature ovale sur ivoire. Pawnie attaqué par un ours. (Gouachée.)

104 — Miniature ovale sur ivoire. Portrait présumé de Mme Tallien.

105 — Miniature ronde sur ivoire (accidents). Diane de Cervi, attribuée à Marusi. (Gouachée.)

106 — Miniature carrée sur ivoire. Portrait du général de Ramel, assassiné à Toulouse, 1815.

107 — Deux petites Miniatures rectangulaires sur ivoire. Portraits de Femmes du temps du Ier Empire.

108 — Miniature ronde sur ivoire. Première enfance de Paul et Virginie. (Gouachée).

109 — Miniature ronde sur ivoire. Muse et Amour. (Gouachée.)

110 — Miniature ronde sur ivoire. Portrait d'Homme du temps de la Révolution.

111 — Miniature ovale sur ivoire. Portrait d'Homme du temps de Louis XVI.

112 — Broche en argent montée de fausses pierres et demi-perles, ornée d'une miniature en grisaille. Bacchante et Amours.

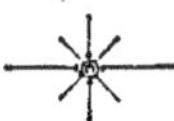

TABLEAUX, PASTELS

113 — **Boucher** (Ecole de). Flore et Zéphire.

114 — **Boucher** (École de). Paysage avec tourelles. Dessin.

115 — **Van Kessel**. Paons et Cochons d'Inde.

116 — **Pau de Saint-Martin**. Paysage. Ferme près d'une route.

117 — **Rembrandt** (École de). La Circoncision.

118 — **Wouwermans** (École de). Scène de camp. Signé du monograme P. W.

119-120 — **École espagnole**. Deux Natures mortes.

121-122 — **École espagnole**. Scènes de la Passion. Deux pendants.

123 — **École française**. Portrait de Femme Louis XVI. Pastel.